Mattie ervaar Hy leef

Mattie Pansegrouw

Lees die helfte van hierdie boek aanlyn by Die Gratis Storie Tydskrif

https://storietydskrif.home.blog

ISBN: 9798836625184

'n Woord van die skrywer

Aan Johan, my man, vir sy ondersteuning en Elizabeth Stroebel, by wie die hele gedagte van hierdie boek ontstaan het.

Behalwe vir die predikante is fiktiewe name gebruik.

'n Woord deur Anton Pan

Ek het hierdie oorgetik van die oorspronklike dokument wat nog met 'n ou meganiese tikmasjien op papier met staalletters ingehamer is. Dis hoe my ouers begin skryf het met pen en papier en dan die moeisame taak om alles perfek te tik want enige klein foutjie was onmiddellik in die papier ingebed. Sy was een van daardie skrywers wat met die geringste foutjie die bladsy uit sou trek en oortik sodat haar manuskrifte altyd foutloos vertoon het. Die oorspronklike titel van my moeder was "Mattie ervaar dat Jesus leef."

Hierdie storie het lank gelê en is nooit deur haar ingestuur vir publikasie nie. Uiteindelik was hy saam met haar kosbare Bybel tussen die goedjies wat sy vir my nagelaat het. Ek weet deur wat sy met my gedeel het dat Marietjie eintlik Mattie was. Sy het 'n denkbeeldige karakter geskep omdat sy gevoel het dit sou verwaand wees om haar geestelike ervaringe oor te vertel, maar het 'n brandende begeerte gehad dat ons – veral ek - die Verlosser ook deel van ons lewens moes maak. Alhoewel sy Martha Catherina Lamprecht gedoop is, het sy die naam Mattie Pansegrouw aangeneem. Ek voel net vir dié van ons wat sy agtergelaat het en eerstehands die vrugte van die Gees in haar ervaar het, sal Mattie se ervaring dat Hy leef, net meer sin maak.

INHOUD

1.   Ontmoeting in die tuin.

Iets is verkeerd. Mattie kon die spanning nie meer verduur nie. Haar ouers kom net huis toe om vining iets te eet, dan ry hulle weer. Wat steek hulle vir haar weg? En waarom mag sy nie saamgaan nie?

Sy het egter haar kans afgewag en voordat hulle haar kon keer, agter in die motor gespring. Haar moeder het aan die motordeur vasgehou. Dit het gelyk asof sy enige oomblik gaan omval.

"Mattie, klim uit. Ons is haastig."

"Maar Mammie …?"

Toe haar vader haar uit die motor probeer trek, het sy met haar voete teen die voorste sitplek vasgeskop en aan die bank vasgeklou.

Met deernis het hy na haar gekyk. "Kom nou, my kind. Jy kan nie saamgaan nie."

"Waarom nie! Carina is in die hospital vir 'n skildklieroperasie. Die operasie is eers more, maar kyk hoe lyk julle!"

Sy kon skree van frustrasie.

"Ek gaan saam! Ek moet Carina sien!"

Met 'n sug het haar vader eenkant toe gestaan sodat Maria, haar ouer suster, langs haar kon inklim.

By die hospital het Maria haar styf vasgehou. "Sussie, jy moenie skrik as jy haar sien nie. Carina lyk nie meer soos toe jy haar laas gesien het nie."

Maar ten spyte van die waarskuwing, was Mattie nie voorbereid op die skok nie. Sy het net een kyk na die vreemdeling met die vervalle gesig gegee, omgespring en die hospital uitgestorm.

Buite in die tuin het sy op die gras neergeval. Sy was opstandig. Kwaad.

"Nee Here, nee! Carina mag nie sterf nie! Sy mag nie!" Sy wou die Here dwing om te luister. Sy kon nie aanvaar dat haar pragtige suster besig was om te sterf nie. Nie Carina wat twee aande tevore gevra het dat sy vir haar 'n sjokaladedrankie moes maak nie.

Toe het Mattie onthou dat sy onwillig was totdat Carina gesê het: "Asseblief sussie, dis die laaste wat jy vir my kan doen."

O, as sy maar net kon sê dat sy jammer is. Maar nou is dit te laat!

Hoe kon hulle almal so blind wees? Hulle het tog opgemerk dat sy gewig verloor, dat sy besonder bleek is. En hoekom het sy nie verstaan wat Carina vir haar wou sê nie? Toe reeds moes haar suster besef het dat sy besig was om te sterf.

"O Here," het Mattie berouvol gebid. "Dis te laat om vir Carina te sê ek is jammer. Vergewe my asseblief. Ten spyte van die mooi lewe wat ek probeer leef het, weet ek nou dat ek 'n liefdelose, selfsugtige mens is."

Onbewus van die mense om haar, het sy vol berou haar sonde bely. Het sy Jesus as haar verlosser aangeneem.

Vir die eerste keer was sy intens bewus van Jesus se teenwoordigheid. Dat Hy haar liefdevol vertroos: "Ek is die opstanding en die lewe. Wie in My glo, sal lewe, al sterwe hy ook en elkeen wat lewe en in My glo, sal in alle ewigheid nooit sterwe nie!" Joh.11:25-26.

Watter bevryding!

Carina is 'n kind van die Here en noudat sy, Mattie, ook gered is, sal hulle eendag weer saam met Jesus in die hemel wees.

Vervul met onbeskryflike vrede, het Mattie opgestaan en die gras van haar klere afgeskud.

Dieselfde nag het haar ouers tuisgekom met die nuus dat Carina haar stryd teen leukemie verloor het.

Mattie het hulle spontaan omhels. "Mammie, Pappie, ek het vandag my hart vir Jesus gegee. Ons sal almal eendag weer saam met Carina in die hemel wees!"

Maar later sou Mattie ontdek dat Jesus meer gee as waarvoor sy gevra of selfs voor gehoop het.

2.	Mattie bid vir haar huweliksmaatjie.

Hartenbos!

Daar waar alles begin het.

Mattie dink dikwels met nostalgie terug na die stil, ongerepte plekkie van jare gelede. Na die ruwe skaalplankhuisies. Die ronde tente met hul flappende sykante in die wind. En dis asof sy weer die kerse en olielampe kan ruik.

Sy onthou hoe hulle saans toktokkie by die strandkamers gespeel het. Die lang wandelings met Laddy, haar kolliehand, langs die strand.

Sy verlang na die hoë sandduine waar sy soveel heerlike ure in gebed deurgebring het.

Maar daardie dag na dominee van der Merwe se preek, kon sy nie meer wag dat hul vakansie moes aanbreek nie.

"Jongman, jongdogter," het hy gevra. "Het jy al begin om vir jou huweliksmaats te bid?"

Watter opwindende gedagte, het sy gedink.

O, nou moet sy op die sandduine kom! Want daar met die dreuning van die branders in haar ore, wil sy hardop vir haar huweliksmaatjie gaan bid.

Toe het die groot oomblik uiteindelik aangebreek. Haar vader het skaars voor die strandhuisie stilgehou, toe kry sy en 'n uitgelate Laddy koers sandduine toe.

Daar op die warm sand, het sy gevra dat die Here haar toekomstige huwelikmaatjie beskerm. Het sy gebid vir die regte aanvoeling wanneer sy 'n jongman ontmoet sodat sy nie die verkeerde keuse sal maak nie.

Maar Mattie het nooit verwag dat Jesus meer sou gee as waarvoor sy gevra of voor gehoop het nie!

Dit was Oktobermaand, vyf jaar later. Hulle was weer op Hartenbos. Voor Mattie het 'n donker man met 'n blou baaibroek gestap.

Toe gebeur dit!

Die Here wat sê: "Daar stap jou man."

Met 'n wildkloppende hart het sy agter Johan aangestap. Eers toe hy teen die skuins paadjie afstap na die strand, kon sy sy profiel sien.

Sy het bo-op die terras bly staan en gekyk hoedat hy onder op die sand gaan sit. Verwonderd soos 'n kind wat 'n kosbare geheim koester oor 'n God wat mag het om te doen wat Hy beloof het.

Want Sy belofte in Jer. 33:3 het daardie oomblik vir haar 'n werklikheid geword: "Roep my aan, Ek sal jou antwoord en jou vertel van groot en onverstaanbare dinge waarvan jy nie weet nie."

Mattie het met groot opgewondenheid uitgesien na hul ontmoeting. Die aand voor haar sewentiende verjaarsdag was sy en haar broer in die kafee toe sy Johan en sy vriend by die deur sien instap.

Die twee mans het by hulle tafel vasgesteek. Johan het oor die stoelleuning geleun en na haar gekyk. Die oomblik toe sy opkyk in sy oê, was daar oorweldigende bewustheid van mekaar. Asof 'n onsigbare krag hulle na mekaar trek sodat almal en alles om hulle vervaag.

Haar vriendin het nader gekom en hulle aan mekaar voorgestel. Maar na 'n paar kosbare oomblikke, het haar broer gesê dat dit tyd is om te groet.

Die volgende dag is Mattie terug Oudtshoorn toe en Johan is per trein na Elsburg.

Daarna het die dik liefdesbriewe gevolg. Mattie was agtien, Johan drie en twintig toe hulle op Mosselbaai getroud is. En natuurliik wou hulle op geen ander plek as Hartenbos hul wittebrood deurbring nie.

Hulle het onlangs hulle goue bruilof gevier. Sy prys die Here vir so dierbare huweliksmaat.

Mattie het eendag ondeund vir die seuns gesê: "Julle moet nie skrik as julle eendag tuiskom en net pappa se skoene kry nie. Dan moet julle weet ek het hom van pure liefde opgeëet. Ek het nie kans gesien vir sy skoene nie."

Maar ten spyte van die liefde van haar gesin, was Mattie bewus van 'n leemte in haar geestelike lewe. Sy kon haar self nie spontaan in die gemeente uitleef nie. Dus het sy geleidelik gestagneer.

3.   Gehoorsaamheid vra 'n offer.

Op Elsburg, aan die Oos Rand, was Mattie ver van haar ouerhuis. Omdat sy gewoond was aan 'n klein en intieme gemeenskap waar almal haar op straat groet, was dit asof sy haar in 'n vreemde wêreld bevind.

Toe Johan bevordering na Oos-Londen kry, het sy oorgeloop van vreugde. Sy sal nader aan haar ouers wees. Hulle sal elke dag die see sien!

Voor hulle vertrek het Mattie vir die Here gevra om hulle te lei na die spesifieke huis langs die bure waar Hy hulle wil gebruik. Na die gemeente en die predikant wat hulle geestelik kon opbou.

Haar gebed is verhoor maar nie soos wat sy verwag het en selfs voor gehoop het nie.

Omdat hulle genoodsaak was om tydelik in 'n hotel tuis te gaan, was hulle maar te dankbaar om 'n geskikte woonstel te bekom.

Een aand het 'n lawaai in die portaal almal uit hulle woonstelle gelok. Boetie, 'n maatjie van Mattie se seuns, het by hulle woonstel ingestorm.

Die verskrikte seuntjie het vertel dat sy pa onverwags huis toe gekom het en die oom slaan wat altyd by sy ma kom kuier.

Toe Mattie geskok van die vegtende mans na die woedende vrou kyk, het sy gedink: *Hierdie mense is nie my soort nie. Met hulle wil ek niks te doen hê nie.*

Twee dae later luister sy na dominee Shaw se preek: "Jy wat sê, hierdie mense is nie my soort nie. Met hulle wil ek niks te doen hê nie …"

Skok!

Verskrik het Mattie haar asem ingetrek. Sy kon voel hoedat haar gesig gloei, hoedat haar hart in haar keel skop. Dit was asof dominee Shaw reguit na haar kyk. Asof die hele gemeente bewus is van haar skuld.

Bang dat sy nie later die moed sal hê nie, het sy hom dadelik na die diens geskakel: "Dominee, ek moet na vanoggend se preek met u praat."

Toe Mattie regoor die groot man sit, was haar eerste woorde: "Dominee Shaw, ek is 'n kind van die Here, maar 'n ellendige een."

Sy bruin oë het oor die lessenaar na haar gekyk. "Waarom dink jy is jy so ongelukkig?"

"Ek weet nie dominee. Ek gaan gereeld kerk toe, bid, lees my Bybel maar … Dominee, ek het so gebid dat die Here ons na die regte gemeente moet stuur, selfs langs die mense waar Hy ons wil gebruik."

Hy het vooroor geleun: "Jy het Sondag oor die telefoon gesê jy wil met my praat. Is dit in verband met my preek?"

Toe kon Mattie nie langer meer ompaadjies loop nie.

Sy het verleë na hom gekyk. "Dominee, dis ongelooflik maar …, U het my gedagtes Sondag woord vir woord herhaal, naamlikl: *Jy wat sê hierdie mense is nie my soort nie. Met hulle wil ek niks te doen hê nie. Dis…*"

Hy het sy hande opgehou. "Wag eers, begin voor. Vertel my waarom jy so gedink het en wie hierdie mense is."

Toe hy hoor wie haar bure is, en waarom sy so geskok was, het hy met 'n glimlag na Mattie gekyk.

"Weet jy, daardie mense is my probleemgesin. Ek is so bly jy het gekom, want ek het selfs Saterdagaand nog getwyfel of ek nie 'n ander preek moes maak nie."

Steeds was Mattie geestelik blind. Kon of wou sy nie insien wat die Heilige Gees vir haar wil sê nie.

"Maar Dominee, waarom beland ons altyd langs sulke mense? Ons bure in Elsburg het gedrink en nooit kerk toe gegaan nie."

"Mattie, het jy met daardie bure in Elsburg gaan praat?"

"Maar dominee, ek kon mos nooit nie!"

"My kind," het hy sag gesê. "Jy het nog nie tot volle oorgawe gekom nie. Jy is ongelukkig omdat jy ongehoorsaam is. Onthou jy wat jy vir die Here gevra het? Die regte gemeente, langs die mense waar Hy jou wil gebruik?"

Hy het vooroor geleun. "Jy moet met daardie buurvrou gaan praat."

Sy het hom geskok aangestaar.

"Maar dominee, sy sal my uitlag. Sy is baie ouer as ek. Sy sal mos nooit na my luister nie!"

Toe kom dit!

Die woorde wat haar lewe onherroeplik verander het.

"Mattie, dis God se antwoord op jou gebed."

4.   Haar geloofsprong.

Na die gesprek met dominee Shaw, het Mattie soos Moses met God geworstel.

Eks.3:9-10 God: "Die noodkrete van die Isrealiete het My bereik, en Ek het ook aanskou hoe Egipte hulle verdruk. Daarom stuur Ek jou na die faroa toe sodat jy My volk, die Isrealiete, uit Egipte kan bevry."

Toe volg Moses se besware:

Vers 11: "Wie is ek dat ek dit by die faroa sou waag…"

Vers 13: "Sê nou maar…"

Hoofstuk 4:1 "Sê nou die Isrealiete glo my nie en luister nie na my nie…?"

Hoofstuk 4:10 "Ag Here, ek kan nie goed praat nie…"

Vers 13: "Asseblief tog Here, stuur liewers iemand anders."

Net soos Moses het Mattie gedink, waarom moet ek na die kwaai buurvrou gaan? Waarom nie dominee Shaw of iemand anders nie?

Toe het die Here haar herinner hoedat sy na haar bekering spontaan teenoor haar maats getuig het. Dat sy ten spyte van die lang pad wat sy saam met Hom geloop het, haar vrymoedigheid verloor het.

Weke lank het sy rondgeslinger deur twyfel en wanhoop totdat die Here met haar uit Eks.4:11-12 gepraat het:

"Wie het aan die mens 'n mond gegee? Wie maak stom of doof of siende of blind? Is dit nie Ek, die Here nie? Gaan nou, Ek sal jou help met die praat en jou leer wat jy moet sê."

By hierdie punt moes Mattie stop. Hier kon sy nie oor nie. Hier het God vir haar die streep getrek. Dis nou of nooit!

"O Here," het sy berouvol gebid. "Vergewe my. Ek kan nie meer stry nie. Ek weet nou. U sal nooit toelaat dat ek 'n gek van myself maak nie. Ek stel myself tot U beskikking. Maak met my net soos U wil."

Watter verligting!

'n Lig het deur haar donkerte gebreek.

Toe eers kon Mattie dit tot by die kwaai buurvrou waag. Sy het aanvaar dat die Here Sy kind nie in die steek laat nie. Dat sy soos Moses kan vashou aan Sy belofte:

"Gaan, ek sal jou help met die praat en jou leer wat jy moet sê."

Maar die Here was nog nie klaar met Mattie nie.

5.   As Hy sê: "Gaan …".

Alles het begin by dominee Shaw se getuienis. Hy het vertel dat die Here vir hom in die straat gesê het dat hy by 'n armoedige huisie moes ingaan. Hy het nie die mense geken nie. Die voordeur was egter nie gesluit nie en binne het hy 'n sterwende vroutjie aangetref. Sy was verwaarloos en heeltemal alleen.

Dominee was betyds om haar te help om Jesus te vind voordat sy gesterf het.

Sy getuienis het Mattie aangegryp. Sy het onthou hoedat Jesus in die hospitaaltuin haar vertroos het met die belofte van die ewige lewe. Hoedat Hy vir haar gesê het: Daar stap jou man.

Sy was kinderlik opgewonde. Met groot verwagting het sy gebid: "O Here Jesus, ek begeer dat U uself aan my sal openbaar. Help my om ontvanklik te wees vir U stem. Maak my gewillig om dadelik te volg waarheen U my ook al stuur."

Waareens het Mattie nie kon droom op watter manier die Here haar gebed sou beantwoord nie!

Sy was die oggend op pad na Kitty toe die innerlike Stem vir haar sê: "Gaan na nommer twintig, oorkant die straat."

"Maar Here, ek is bekommerd oor Kitty. Ek ken nie mense in nommer twintig nie."

Weereens was daar die dringende opdrag: " Gaan na nommer twintig. Gaan nou."

Toe 'n wolfhond by die voordeur uitkom, het Mattie verlig gesug.

Watter uitkoms!

Maar net toe wou sy omdraai, het 'n witkop dogtertjie geroep: "Toemaar tannie, hy sal nie byt nie."

Sonder meer het die kind by die huis ingestorm.

"Mamma! Mamma!"

Nou was daar geen omdraaikans nie. Mattie het in die deur gehuiwer. Wat nou? Sy het 'n skietgebedjie opgestuur.

Maar toe die Moeder met rooigehuilde oë ingestap kom, het Mattie geweet sy is by die regte adres. Veral toe die vroutjie haar groet met die woorde: "Die Here het jou gestuur. Ek het nou net in die kamer vir hom gesê, as Hy nie nou iemand na my stuur nie, gaan ek van my kop af raak."

Bea het daardie oggend by 'n punt gekom waar sy nie meer kans gesien het om voort te gaan nie. Sy het groot behoefte gehad aan iemand wat gewillig was om te luister. Later het sy erken dat sy nog nie tot volle oorgawe gekom het nie.

Deur die liefdevolle leiding van die Heilige Gees was Mattie gedring om na Bea te gaan.

Nie gedwing soos Satan wat 'n mens forseer om te sondig nie. Om verkeerde keuses te maak wat tot skuldgevoelens lei en verwydering bring tussen ons en God nie.

Maar as ons die Heilige Gees gehoorsaam, word die lewe 'n avontuur van geestelike weelde.

Vir Mattie is dit 'n sielsverrykende ervaring!

6.   Wanneer hoor ons Sy stem?.

As God IN ons leef, leef ons VIR Hom. Dan HOOR ons Sy Stem!

Eerstens: Ons hoor Sy Stem deur 'n persoonlike verhouding met Jesus, as 'n verloste kind van God.

Joh.14:16-17 "Ek sal die Vader vra, en Hy sal vir julle 'n ander voorspraak stuur om vir ewig by julle te wees, naamlik die Gees van die waarheid. Die wêreld kan hom nie ontvang nie, omdat hulle Hom nie sien en Hom nie ken nie. Maar julle KEN hom, omdat Hy BY julle bly en IN julle sal wees."

Tweedens: Praat Hy met ons deur Sy Woord.

Deur Sy Woord leer ons Hom ken, openbaar Hy Sy wil aan ons. Oortuig Hy ons van sonde. Groei ons geestelik.

Martin Luther: *God se woord is nie 'n leeswoord nie, maar 'n leefwoord. Jy moet dit so in jouself opneem sodat dit deel van jou hele wese word.*

Derdens: Praat Hy deur gebed.

Rom.8:26 Die Gees staan ook in ons swakheid by; ons weet nie wat en hoe ons behoort te bid nie, maar die Gees self pleit vir ons met versugtinge wat nie met woorde gesê kan word nie.

Gebed is die kragbron.

Vierdens: Praat hy deur ander gelowiges.

Deur saam met ander te bid en Bybelstudie te doen, groei ons geestelik.

Vyfdens: Praat Hy deur 'n innerlike stem:

Dis die Heilige Gees wat ons oortuig van sonde. Dis Hy wat ons herinner aan Jesus se beloftes. Dis Hy wat ons stuur na 'n spesifieke adres.

Wanneer is ons doof vir Sy stem?

Eerstens: As daar onbelyde sondes in ons lewens is.

Jes.59:2 Dit is julle oortredinge wat skeiding gebring het tussen julle en julle God, dit is julle sondes wat maak dat hy Hom nie aan julle steur nie en nie na julle wil luister nie.

Tweedens: Deur ongeloof:

Jak.1:6-7 Maar 'n mens moet gelowig bid en nie twyfel nie, want iemand wat twyfel, is soos 'n brander in die see wat deur die wind aangejaag en heen en weer gedryf word. So 'n mens wat altyd aan die twyfel is en onbestendig is in al sy doen en late, moet nie dink dat hy iets van die Here sal ontvang nie.

Derdens: Ontrouheid in die binnekamer.

Deur Bybelstudie, gebed en samekoms van gelowiges te verwaarloos. Want ons kan Hom nie hoor as ons die oorfone van die wêreld dra nie!

Vierdens: As ons op ons eie krag staatmaak.

Joh.15:5 "Ek is die wingerdstok, julle is die lote. Wie in My bly en Ek in hom, dra baie vrugte, want sonder My kan julle niks doen nie."

Vyfdens: Deur die onwilligheid om betrokke te raak. Deur ongehoorsaamheid, bedroef ons die Heilige Gees. Is ons geestelik verlam. Mis ons God se doel in ons lewens.

Dominee Theuns Pienaar: "Jy moet Hom in al die kamers van jou hart innooi. God moenie net 'n sleutel kry nie, maar die loper van jou lewe."

Laastens: Deur bekommernis.

Deur te bekommer sien 'n mens net die probleem raak, en nie God se hand daaragter nie. Ons is bekommerd wanneer ons die Here nie volkome vertrou nie. Of nie tevrede is oor die wyse waarop Hy ons lewens bestuur nie.

Bekommernis beroof ons van 'n innerlike vrede en vreugde in die Here.

Want:

Kommer het 'n swart jas aan …

Fil.4:6-7: Moet oor niks besorg wees nie, maar maak in alles julle begeertes deur gebed en smeking en met danksegging aan God bekend. En die vrede van God wat alle verstand te bowe gaan, sal oor julle harte en gedagtes die wag hou in Christus Jesus.

As iemand wag hou, kan die vyand nie inkom nie. As ons Jesus vra om beheer oor te neem, kan die Satan nie 'n vasskopplek in ons gedagtes kry nie.

'n Dogtertjie het gesê: "As die duiwel aan my hartjie klop, vra ek Jesus om die deur oop te maak!"

Want, dis Satan wat twyfel saai. Dis hy wat jou bang en bevrees maak.

Soos Mattie ervaar het die nag toe haar telefoon om 23:00, gelui het …

7.   Mattie se vuurdoop.

"Selfmoord," het Mattie gefluister.

Dit was 23:00. Sy het die gehoorbuis styf teen haar oor vasgedruk.

Sy kon die bekommernis in die onbekende predikant se stem hoor. "Ja, mevrou, en dis nie 'n ydele dreigement nie. Elbie het voorheen 'n onsuksesvolle poging aangewend. Ek het gehoor dat u by die C.A.D. betrokke is. Aangesien Elbie alleen woon, sal ek baie dankbaar wees as u na haar kan gaan."

Hy het verduidelik waar Elbie woon.

"Dis werklik dringend. Sal dit vir u moontlik wees om dadelik te gaan? Ek het belowe dat ek iemand sal stuur."

Gelukkig was dit nie nodig om onnodige tyd te verspil nie, want Johan was op die Grens en die seuns het reeds geslaap.

Terwyl sy na die huis soek, het sy oop oë gebid: "O Here, help my! Gee my die regte aanvoeling, sodat ek met wysheid sal optree. Neem asseblief beheer oor, selfs van my stem, die uitdrukking in my oë, my liggamstaal. Ek vra dit in Jesus Naam."

Die deur het oopgeswaai voordat Mattie kon klop. 'n Uiters gespanne mens het voor haar gestaan. Met wantroue haar op en af bekyk.

Mattie het gesluk, vining verduidelik. "Goeienaand. Ek is Mattie. Dominee …"

Elbie het ongeduldig met 'n kopklik beduie dat sy moet inkom.

Mattie het skaars gesit, toe Elbie tot die aanval oorgaan.

"Is jy 'n maatskaplike werker?

"Nee."

"Het jy enige opleiding soos Lifeline?"

Mattie het begin sweet. "Nee maar…"

"Is jy 'n sober alkoholis?"

"Nee, maar ek is …"

"Nou hoe dink jy miskien dat jy my sal kan help? Jy het geen idee wat ek deurmaak nie! Nou wil jy natuurlik vir my kom preek, vir my sê om op te hou drink."

Met oê wat uitdaag. "Ek het 'n baie belangrike pos. Niemand by die werk weet dat ek drink nie. Hulle sal ook nooit weet nie."

Skielik was Mattie kalm. Intens bewus van die mens voor haar se magtelose stryd, het sy verby die masker van bravade gekyk.

Toe het sy met empatie gepraat.

"Nee, het nie gekom om te sê dat jy moet ophou drink nie. Jy kan regtig aanhou drink, so lank as wat jy wil."

Verbasing in die oë voor haar.

"Maar sê my, het jy al gesien hoe lyk mense wat jare lank drink. Jy is 'n mooi vrou, maar eendag gaan dit op jou gesig wys."

Toe het sy dringend vervolg. "Miskien sal jy die skade wat drank aan jou ingewande doen, kan wegsteek, maar die aftakeling aan jou gesig sal jy nie kan wegsteek of verhoed nie. Eendag gaan bloedrooi aartjies op jou neus en wange verskyn. Sakkies onder jou bloedbelope oë."

Elbie het opgespring, weggedraai en gejaagd gesê. "Kom ek gaan maak vir ons koffie."

Haar houding het plotseling verander. Sonder om na haar selfmoorddreigemend te verwys, het hulle oor alledaagse dingetjies gesels.

Later het Elbie met trots haar pragtige borduurwerk vir Mattie gewys.

Maar Mattie wou nie waag om te vertrek voordat sy baie seker was Elbie heeltemal kalm is nie.

Toe sy om 2:00 die volgende oggend na die hekkie stap het sy die predikant se waarskuwing onthou: "Moenie eers van die C.A.D. vergaderings melding maak nie. Jy sal haar heeltemal afskrik."

Tog het Mattie sommer so terloops gesê. "Luister, jy is welkom om Maandagaand na die C.A.D. vergadering te kom."

Daardie oggend het sy moeg maar oneindig dankbaar in die bed geklim. Dankbaar omdat sy ervaar het hoedat die Heige Gees oorneem.

Want, dit was Hy wat gepraat het.

Dit was Hy wat Elbie oortuig het!

Vroeg die Maadgadoggend het die telefoon gelui.

"Goeiemore. Is dit Mattie?"

"Ja, kan ek help?"

"Mattie, dis Elbie. Waar word die C.A.D. vergaderings gehou?"

Toe Mattie aanbied om haar op te laai. "Nee dankie, ek wil jou wys dat ek self daar kan kom."

Maandagoggend toe die deftige dame haarself voorstel, kon Mattie haar oê nie glo nie. Watter pragtige vrou! Kan dit die stukkende mens van Vrydagaand wees?

Elbie het vir behandeling gegaan en tot voor haar dood, was sy betrokke by haar gemeente. Die Here het haar gebruik om ander alkoholiste te help.

Vir Mattie lyk die jarelange stryd van 'n alkoholis soms so hopeloos, so tevergeefs. Totdat die Skepper hom of haar innerlik en uiterlik onherkenbaar verander. Inteendeel, Sy kunstenaarshande werk so sag en teer sodat Mattie elke keer net in verwondering na die lewende wonderwerk voor haar kan staar.

Die mens wat nie meer langer die Stem van die Heilige Gees kon weerstaan nie.

Soos Sue en Dina dit ervaar het ...

8.   Die Heige Gees is onweerstaanbaar.

Ds. Bennie Stroebel het een pinkster gesê:

"Die Heilige Gees is onweerstaanbaar."

Dis so waar!

Mattie het dit dikwels ervaar.

Soos die dag toe sy besig was om 'n mengelslaai te maak, en die Here sê: "Bel Sue en nooi haar na die Bybelstudie."

"Maar Here," het sy gebid. "Sue stel nie belang nie. Ek het haar al so baie kere gevra."

Weereens was Sy opdrag: "Bel haar nou."

"Here, ek is bang dat Sue haar sal vererg as ek aanhou vra."

Toe sy egter die blaarslaai wou kerf, het dit uit haar hande geglip. Toe sy 'n tamatie wou optel, het dit weggerol.

Berouvol het sy oorgegee. "Vergewe my Here, ek sal Sue dadelik bel."

"Mattie!" het Sue uitgeroep. "Ek is yskoud. Ek het nou net vir die Here gesê as jy my nou bel, sal ek weet dat dit Sy wil is dat ek na die Bybelstudie moet gaan."

Sue het by die Bybelstudie ingeskakel. Sy kon nie langer die Heilige Gees weerstaan nie!

Dan is daar Dina.

Dina wat gereeld met Mattie se seuns oor die bestaan van God geredeneer het. Hulle was later moedeloos. Sy is baie intelligent en het die Bybel met haar verstand beoordeel.

Tot een dag.

Mattie het die deurklokkie om middernag hoor lui. Haar seun het haar kom roep. "Dis Dina. Sal mammie asseblief met haar kom praat?"

Uitasem soos iemand wat ver gehardloop het, het die jongmeisie gegroet.

"Tannie, ek moes kom. Ek het reeds gelê maar ek kon nie slaap nie."

"Maar Dina, as jy werklik glo dat God nie bestaan nie, waarom dink jy hinder dit jou so?"

Mattie het met deernis na die verwarde meisie gekyk wat sonder woorde voor haar gesit het.

"Weet jy Dina, ek glo dat die Heilige Gees jou reeds oortuig het. God het jou so lief, daarom bly Hy aanhou roep. Dis Sy Stem wat jou so onrustig gemaak het, sodat jy Hom nie langer kon weerstaan nie."

Na 'n lang gesprek en Mattie se persoonlike getuienis, het hulle gebid.

Toe het Dina met die belofte dat sy die volgende oggend hul predikant sal gaan spreek, kalm gegroet.

Die volgende dag het 'n stralende Dina kom vertel dat sy eindelik vrede by Jesus gevind het.

Deur die Heilige Gees jare lank te weerstaan, het Dina Hom beproef. Maar nadat sy Sy Stem gehoorsaam het, was sy 'n nuwe mens. 'n Jongvrou wat die Here met geesdrif en ywer gedien het.

Hebr.12:25 Pasop, moet Hom wat met julle praat, nie afwys nie. Hulle wat Hom afgewys het toe Hy sy Goddelike woord op aarde laat hoor het, het nie ontkom nie. Hoeveel minder sal ons ontkom wanneer ons nie ag slaan op Hom wat van die hemel af met ons praat nie?

Net so kon Ansie ook nie langer Sy Stem weerstaan nie …

9.   Ons Herder het nie 'n swart skaap nie.

Mattie het vreemd na haar vriendin gekyk.

"Ansie, waarom eet jy nie? Wat's verkeerd?"

Ansie het haar bord eenkant toe geskuif. "Gert het aan my erken dat hy nie gered is nie. Ek wil hom so graag help, maar ek kan nie."

"Hoekom nie Ansie? Jy is 'n kind van die Here en terwyl julle in dieselfde gebou werk, het jy die geleentheid …"

"Maar Mattie, jy ken my. Ek praat nie maklik nie. Ag nee wat, ek het seker maar net nie die gawe ontvang nie."

Mattie het nog altyd net bewondering vir die stil, beskeie vriendin gevoel.

"Dis waar, ons het nie almal dieselfde gawes ontvang nie. Maar Ansie, God sal nie in jou 'n begeerte wakker maak sonder om jou te help om dit te verwesentlik nie."

"Maar ek is nie 'n ekstrovert soos jy nie."

Mattie het gekeer toe Ansie wou opstaan. "Wag eers Ansie, het jy vergeet van my eie worsteling? Dis nie omdat jy 'n ekstrovert of 'n wonderlike mens is dat die Here jou kan gebruik nie. Dis omdat Hy 'n almagtige God is vir wie niks onmoontlik is nie."

Mattie het dringend vorentoe geleun. "Ons moet net leer om die Here te vertrou en begin deur vir Gert te bid. As hy egter nie reageer nie, is hy nog nie gereed nie. Net die Heilige Gees kan hom oortuig."

Ansie het haar kop moedeloos geskud. "Ja, ek weet al hierdie dinge en ek wil, ek moet. Maar ek sê jou, ek kan nie!"

Mattie het op 'n skoon papierservet geskryf: Jy kan! Dit voor Ansie neergesit, gegroet en weggestap.

'n Week later het Ansie haar eerste vissie vir Jesus gevang!

Ja, ons Here het nie 'n swart skaap nie!

Soos Jesus deur 'n gelykenis aan die dissipels verduidelik het: Joh.10:3b-4 "Die skape luister na die herder se stem. Hy roep sy skape op hulle name en lei hulle uit. Wanneer hy al sy skape uitgebring het, loop hy voor hulle uit, en die skape volg hom, OMDAT hulle sy stem KEN."

Ons moet onsself toets deur te vra:

Eerstens: Is Hy my herder?

Tweedens: Ken ek Sy Stem?

Derdens: Kan ek Hom hoor terwyl ek die oorfone van die wêreld dra?

Vierdens: Is ek gewillig om Hom te volg, ten spyte van wat die omstandighede ook al mag wees?

Die Here het Mattie geleer dat sy nie moedeloos moet word as dit lyk asof al haar pogings tevergeefs is nie.

In God se tuin moet ons die oop blomme pluk. Ons kan egter nie die knop oopdwing nie. Ons moet geduldig wag totdat die knop gereed is, want dan sal die blomblare vanself oopvou.

Die Here vra net 'n beriedwilligheid om te saai om met eindelose geduld te volhard om die person se vertroue te wen. Iemand wat bereid is om Sy liefdesreën oor die verwelkde blom uit te stort.

'n Tuinier wat met geloof en vertroue wag op God wat laat groei.

Dus, al is jy 'n bangbroek Petrus, 'n ongelowige Thomas, 'n Moses met 'n spraakgebrek, wil en kan hy jou gebruik.

Fil.2:13 Want dit is God wat julle gewillig en bekwaam maak om sy wil uit te voer!

Dis God wat ons in staat stel om met liefde na ander uit te reik.

10.   Om te kan liefhê.

Toe Johan as ouderling gekies is, het die diaken die lys met die wyk se name vir hom en Mattie gebring. Daar was 'n streep deur een van die name getrek. Op hul vraag, het die diaken gesê:

"Moenie moeite doen om Zelda te besoek nie. Sy het vir my en die vorige ouderling weggejaag."

Ten spyte van sy waarskuwing, het Mattie en Johan besluit om haar eerste te besoek. Vir hulle was Zelda die belangrikste naam op die lys.

Watter ontnugtering!

Nooit voorheen het iemand hulle so kil ontvang nie. Mattie het innerlik ineengekrimp. Sy het soos 'n kruipende wurm onder Zelda se hooghartige blik gevoel.

Jare later het Mattie egter besef dat 'n kind van die Here nie nodig het om so te voel nie. Want ons is Sy koningskinders en erfgename. God stuur ons uit as Sy ambassadeurs!

Maar daardie dag het hulle eers verlig asemgehaal toe Zelda die voordeur agter hulle toegeklap het.

Toe het hulle begin deur ernstig vir Zelda te bid.

Later was Mattie oortuig dat sy, as vrou, na Zelda moet uitreik. Dus het sy soms wanneer Zelda buite in die tuin besig was, oorgestap. Net om 'n kort gesprek aan te knoop sodat sy met haar oor teen Zelda se hart kon luister.

Toe die eens hooghartige mens geleidelik spontaan begin reageer, was Mattie baie dankbaar. Veral toe sy eindelik ingewillig het om na die wyksyseenkoms te kom.

Maar daar het vir Mattie 'n groot toets voorgelê.

Na die wyksbyeenkoms het Zelda baie beslis gesê. "Mattie, moenie my weer lasting val nie. Ek stel regtig nie belang nie." En sonder meet haar rug op Mattie gedraai en weggestap.

Tuis het Mattie op haar knieë gegaan: "Here, wat het ek verkeerd gedoen of gesê? Of was dit dalk omdat almal so verbaas was om haar daar te sien?"

Ten spyte van haar gebed, het Mattie besluit om Zelda nooit weer op te soek nie. Om ook nie weer 'n uitnodiging na die wyksbyeenkoms in haar posbus te gooi nie.

Maar Mattie het egter nie rekening gehou met die kragtige werking van die Heilige Gees nie!

Toe sy 'n maand later besig was om die tuin nat te spuit, het haar oë onwillekeurig na Zelda se posbus gedwaal. Sy het haar kop weggedraai, sy wou nie na die posbus kyk nie, maar tevergeefs.

Desperaat het sy gebid: "Ag Here, U weet van die moeilike pad wat ek met Zelda geloop het. Sy was lelik met my. Ek kan my nie langer aan haar opdring nie."

Skielik het sy in haar geestesoog Jesus voor die spottende skare sien staan. Het sy gehoor hoe Hy haar berispe: "Ek is uitgeskel vir 'n vraat en 'n wynsuiper. Hulle het my met stokke geslaan, en in My gesig gespoeg."

Verblind deur trane, het sy die kraan toegedraai, haar hande aan haar rok afgevee en na die huis oorkant die straat gestap.

Alhoewel dit altyd vir haar baie belangrik is om haarself eers netjies te maak, kon sy nie vining genoeg by Zelda kom nie. Dit was asof iets haar jaag.

Toe sy haar hand oplig om te klop, het die deur voor haar oopgegaan. Zelda het haar aan haar arm in die portaal ingetrek.

"O, Mattie, ek het so gehoop dat jy sal kom!"

Watter heerlike verrassing!

Die Heilige Gees het reeds vir Zelda oortuig. Die eens hooghartige mens se hele gesindheid het verander. God het die afsydige mensie verander in 'n liefdevolle vriendin.

Sy het gereeld na die wyksbyeenkoms gekom; het selfs in die kombuis help koppies regsit.

Vir Mattie was en is dit steeds 'n belewenis om te sien dat die hardste mens nie teen liefde bestand is nie. Want liefde is onweerstaanbaar.

Maar Mattie moes eers leer.

Eerstens: Om begrip te hê vir Zelda se optrede.

Tweedens: Om haar te kan vergewe.

Derdens: Om haar te aanvaar.

Toe eers kon sy Zelda liefhê!

Nie liefhê *omdat* nie

Maar liefhê *ten spyte van*

Ons moet altyd eers vra:

Wat sou Jesus in die omstandighede gedoen het?

Hoe sou Hy opgetree het?

Wat sou Hy gesê het?

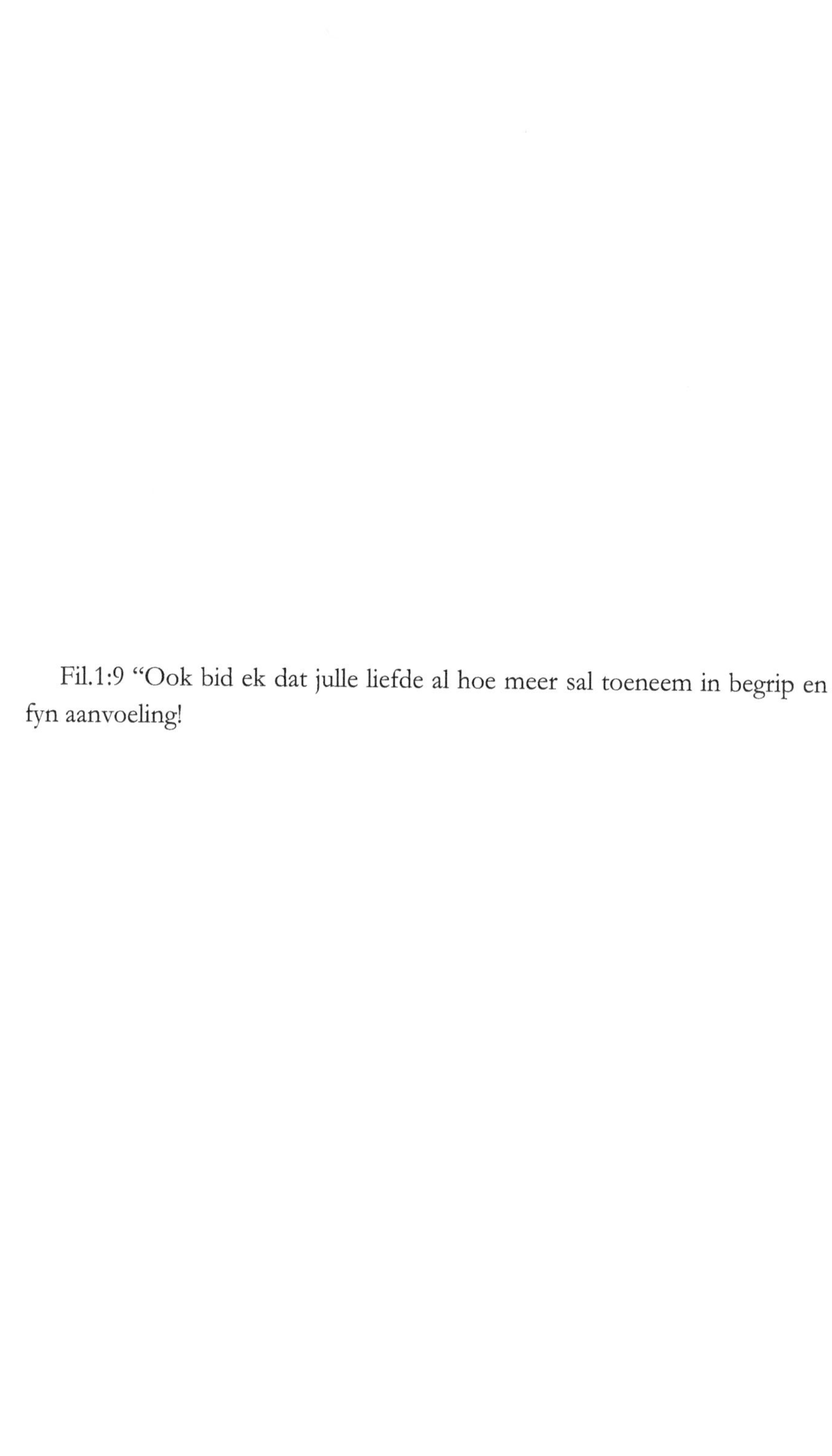

Fil.1:9 "Ook bid ek dat julle liefde al hoe meer sal toeneem in begrip en fyn aanvoeling!

11.	Sy tydsberekening is volmaak.

Mattie was om 13:00 met haar motor op pad huis toe, toe sy die aanvoeling kry dat Mercia haar nodig het.

Maar omdat dit so ongeleë tyd was, het sy besluit om eers te gaan eet. Toe sy egter links wou draai, het dit gevoel asof die motor vanself regs draai. Sonder dat sy beheer daaroor het, het sy na die pastorie gery.

Sy het nie geweet wat fout is en watter verduideliking sy vir haar ontydige besoek gaan gee nie.

Dominee se moeder het haar egter voorgespring.

"Mattie, ek is so bekommerd oor my skoondogter. Mercia het vanoggend wakker geword met 'n harde knop aan haar nek. Sy is in die hospital en word vanoggend geopereer, maar dominee kon nie by haar bly nie. Hy is by die ringsitting."

Mattie was verlig toe sy by die saal instap en Mercia in haar pragtige kamerjassie sien staan.

Sy was betyds. Omdat sy nie eers gaan eet het nie, kon sy vir Mercia bemoedig en bid voordat sy na die teater is! Gelukkig was dit 'n skadelose knop.

Mattie het die Here geloof en geprys vir Sy liefdevolle bemoeienis.

Kan daar werklik mense wees wat beweer dat Jesus Christus nie bestaan nie? Hoe kan 'n mens twyfel as jy reageer op Sy Stem en ervaar hoe absoluut volmaak Sy tydsberekening is!

Soos die dag met Santjie.

Toe Mattie en haar Bybelstudiemaatjies gehoor het dat Santjie kanker het, was dit vir hulle 'n geweldige skok.

Santjie was 'n sonstraaltjie. Selfs later toe sy genoodsaak was om met 'n suurstofsilinder langs haar bed te slaap, was sy altyd blymoedig. Sy het tot die einde die sang met haar kitaar begelei.

Tot een middag.

Alhoewel Mattie baie besig was, het sy aangevoel dat sy sonder versuim na Santjie moet gaan.

Sy het 'n vriendin gevra om saam met haar te gaan. Maar daardie oomblik het sy self nie verstaan waar om sy vir Julia gesê het: "Julia, kom asseblief saam, jy sal nie spyt wees nie."

Santjie was alleen in haar slaapkamer. Haar gesiggie was bloedrooi soos sy ten spyte van die suurstofmasker, geworstel het om asem te kry. Mattie het haar hare gestreel en gebid totdat Santjie geleidelik kalm geword het. Later het Santjie gesê: "Dankie, ek is so bly julle het gekom. Die Here het julle gestuur."

Santjie is die volgende dag oorlede. Ten spyte van hulle hartseer was Julia en Mattie dankbaar dat hulle betyds was om van hul geliefde maatjie afskeid te neem.

Watter wonderlike belewenis om ons liefdevolle Here so te leer ken!

Job.4:5 Tot nou toe het ek net gehoor wat mense van U sê. Maar nou het ek U self gesien!

12. Mattie leer die Trooster ken.

Anton, Mattie se seun, het saam met drie ander seuns 'n huis gedeel. Hulle het hulle eie besigheid vanaf die huis bedryf.

Toe Mattie een aand skakel om met haar seun te praat, het sy maat gesê: "Tannie ons weet nie waar Anton is nie. Ons het hom die hele dag nie gesien nie. Sy motorfiets is ook nie hier nie."

Omdat hulle gedink het dat Anton se fiets iewers langs die pad gebreek het, het Johan gery om hom te soek maar kon geen spoor van hom kry nie. Later die aand was daar steeds geen nuus nie.

Toe Mattie die volgende dag bel, kon sy die kommer in sy vriend se stem hoor. Nadat Johan weer tevergeefs na hom gaan soek het, het hulle besluit om die hospitale te skakel. Niemand het egter geweet wat van hul seun geword het nie.

Laat die aand het Mattie vriende gevra om te bid. Sy en Johan het woordeloos bly sit en nie eers daaraan gedink om te eet nie. Die vrees het ondraaglik geword.

Onwillekeurig het Mattie gedink aan al die mense wat spoorloos verdryn het en opgespring.

"Ag Here," het sy gesmeek. "Laat ons tog net weet waar Anton is en of hy nog lewe."

Sy het in die gang geloop en hardop gebid. "Asseblief tog, Here!"

Toe hoor sy die Trooster: "Jou kind is veilig. Baie, baie veilig."

Verlig en met onsag het sy gebid. "O dankie, baie dankie Here. Ek loof U groot en Heilige Naam!"

Toe het sy omgedraai, voor Johan gekniel en met trane wat oor haar wange rol gesê, "Jou kind is veilig. Baie, baie veilig."

Johan se gesig het opgehelder. Sy kon sien dat hy saam met haar glo.

Daarna het Mattie hul vriende geskakel om hulle te verseker dat Anton veilig is, want die Here het dit nou net vir haar gesê.

'n Paar minute later het die telefoon gelui. Dit was Anton se besorgde stem. "Mamma, ek het gehoor julle het na my gesoek. Ek is jammer. Dit was 'n misverstand, ek is seker dat ek vir Marius gesê het dat ek op 'n stil plek gaan om te studeer."

Mattie het hom egter verseker dat dit nie meer saak maak nie. Dat hulle net onbeskryflik dankbaar is dat hy veilig is.

Later die aand het Johan vir Mattie gesê. "Dis goed dat ons die spannigsvolle tyd moes beleef, anders sou ons nooit die wonderlike ondervinding gehad het nie."

Jes.66:13 Soos iemand wat deur sy Moeder vertroos word, so sal Ek julle troos. (O.V.)

Dis Hy wat krag gee as ons nie verder kan nie.

Dis Hy wat vertroos.

Dis Hy wat ons herinner aan Sy beloftes. Die belofte dat Hy ons nooit in die steek sal laat nie.

13.   Hy vergewe en vergeet.

'n Vriend het Mattie gevra om Nakkie te besoek. Hy het die vorige aand 'n oordosis pille gedrink, maar is gelukkig betyds hospital toe geneem.

Volgens die vriend was Nakkie baie depressief en het die saalsuster gevra dat hulle tog iemand na hom toe moet stuur.

Mattie se vriendin, Jeanette, was so dankbaar. Sy het aangebied om saam te gaan sodat sy Mattie biddend kon ondersteun.

Die suster in beheer was baie verlig toe sy hulle groet. As sy maar kon weet hoe bang Mattie was. Hoe onseker sy was want sy het nie geweet hoe hulle Nakkie moet benader nie.

Hoe gaan hy reageer op die besoek van twee vreemdelinge? As hulle net geweet het waarom hy sy eie lewe wou neem.

Toe hulle hom groet, het hy begin huil. So erg sodat hulle bang was dat die suster hulle gaan vra om liewer te gaan.

Sonder dat Mattie dit vooraf beplan het, het sy langs Nakkie gaan sit en die Bybel by 1 Joh.1:9 oopgemaak.

"Kyk hier sê die Here vir jou: "As jy jou sonde bely Nakkie, sal Ek jou vergewe en van alle ongeregtighede reinig."

Mattie het sy hand geneem en terwyl sy vir hom gebid het, het hy stil geword.

Opgewonde het sy verder gelees. "Miga 7:19 Weereens belowe Jesus, Nakkie, Ek sal jou weer genade betoon, Ek sal jou sonde tot niet maak, dit in die diepsee gooi."

Mattie het opgekyk na hom. "Maar die wonderlikste het jy nog nie gehoor nie. Dit staan in Jer.31:34b Nakkie. Ek sal jou oortredings vergewe en nie meer aan jou sondes dink nie."

Toe blaai sy na Hebr.10:17 "Nakkie, aan jou sondes aan jou oortredings sal ek nooit meer dink nie."

Sy het met haar vinger op Hebr.8:12 gedruk. "Oor jou ongeregtighede, sal Ek genadig wees en aan jou sondes nooit meer dink nie, Nakkie!"

Hy het opgekyk, gelag en verras uitgeroep: "Haai, ek het dit nooit geweet nie!"

Mattie en Jeanette het verlig na mekaar gekyk en geglimlag.

Jesus Christus het oorgeneem!

Ten spyte van baie probleme en terugslae, is Nakkie geestelik sterk. Hy vind krag by Jesus wat nie meer aan sy sondes van die verlede dink nie.

Jesus wat dit nie eers meer onthou nie!

Jesus wat 'n strooibiljet gebruik het om Millie te oortuig dat geen sonde vir Hom te groot is om te vergewe nie.

14.   Geen gehoorsame daad is te gering.

'n Onbekende persoon het vir Millie deur sy motorvenster 'n strooibiljet aangegee. Hy kon seker nooit dink watter geweldige inpak dit in Millie se lewe sou hê nie!

Millie het sonder om daarna te kyk, die stukkie papier in haar handsak gedruk en daarvan vergeet.

Toe sy die aand na iets in haar handsak soek, het sy gesien dat dit 'n uitnodiging na 'n reeks dienste op die sportstadium was. Uit nuuskierigheid en omdat sy niks anders gehad het om te doen nie, het sy 'n bus gehaal en so by die stadium uitgekom.

Na die preek het die dominee gesê dat daar geestelike werkers is en gevra dat die persone wat behoefte het om met hulle te gesels, moet agterbly.

Hulle het in 'n vertrek saamgekom. Mattie het dadelik vir Millie raakgesien. Sy het eenkant staan en huil.

Omdat Mattie egter nie seker was wat die oorsaak van haar trane was nie, het sy Millie versigtig genader.

Toe Mattie haar groet, het Millie snikkend na haar gedraai. "Vanaand weet ek dat ek verlore is, daar is so baie sonde in my lewe. Ek het alles moontlik gedoen, drank, dwelms. Ek het in hotelle rondgehang met die doel om mans uit te lok. Ek is tronk toe, geskei. My kinders bly by my ouers want ek is werkloos."

Dit was asof sy nie vining genoeg van al haar skuldgevoelens kon ontslae raak nie.

Later het hulle in die motor voor haar ouers se woonstel gesels. Johan het voor gesit, Mattie en Millie agter. En daar in die motor, het Millie haar sondes bely en Jesus as haar Verlosser aangeneem.

Tuis het Mattie vir Johan gesê. "Deur die preek het die Heilige Gees Millie van sonde oortuig. Ons kon haar verder help. Maar die wonderlike vir my is dat Jesus die onbekende persoon gebruik het wat die strooibiljet vir Millie gegee het."

Soos Paulus se woorde toe hy die Korintiërs oor hulle verdeeldheid berispe het:

1Kor.3:6-7 "Wat is Apollos dan? Wat is Paulus? Hulle is maar net dienaars deur wie julle tot geloof gekom het, en elkeen doen die werk soos die Here dit vir hom gegee het. Ek het geplant, Apollos het natgegooi MAAR dit is God wat laat groei het."

Mattie het opnuut besef dat niemand te oud, te jonk of te siek is om betrokke te raak nie.

Inteendeel, 'n kind van die Here kan deur voorbidding by die hele wêreld betrokke raak. Ons is nie vasgeketting deur teleurstellings, of selfs skokkende gebeure nie. Want Jesus Christus het ons bevry!

15.   Hy gebruik 'n klein kindjie.

Mattie is verwonderd oor die buitengewone en unieke maniere waarop die Heilige Gees elke individu van sonde oortuig.

Soos in Selma se geval. Sy en haar man was in Johan en Mattie se wyk. Een aand tydens 'n geestelike gesprek, het Selma erken dat sy nie gered is nie. Sy was egter baie gespanne en Mattie het besef dat Selma nie voor die twee manne sal praat nie. Daarom het hulle 'n afspraak gemaak.

'n Verrassing het op Mattie gewag!

Twee dae later het Selma haar opgewonde binne genooi. Met blink oë het sy vertel.

"Mattie, na ons gesprek die ander aand, kon ek nie slaap nie. Ek het nie geweet wat ek vir jou gaan sê nie. Inteendeel, ek was bang want ek het gedink dat ek nooit met die Here sal kan regmaak nie. Totdat my dogtertjie van die bewaarskool gekom het."

Selma het die trane met 'n snesie van haar wange afgevee. "Toe Rietjies gister by die huis kom, was haar eerste woorde: 'Mamma, ek het vandag my hartjie vir liewe Jesus gegee.'"

Met ingehoue asem het Mattie gewag dat Selma verder moet vertel.

Selma het verleë gelag. "Ek het gevra, maar hoe weet jy dat jy nou Jesus se kindjie is? Toe kom die kinderlike antwoord: 'Maar mamma, Jesus het so vir my gesê. Ek moet net wil, dan vat Hy my vir Hom.'"

Die twee vroue het verwonderd na mekaar gekyk. Maar Selma was nog nie klaar nie.

"My klein dogtertjie moes my leer hoe om by die Here uit te kom. Ek het dadelik kamer toe gekom en myself met al my sondes vir die Here gegee."

Vervul met onbeskryflike dankbaarheid het die twee vroue mekaar se hande in gebed vasgegryp.

Die Heilige Gees het oorgeneem!

'n Ander voorbeeld is klein Wiekie.

Dit was die einde van die jaar met die Kinderkrans se afsluiting wanneer die kinders met lekkernye bederf word.

Wiekie het met albei handjies 'n nuwe maatjie nader getrek. "Juffrou, kyk!"

Met blink bruin ogies het hy na Mattie opgekyk. "Ekke het hom gebim. Ekke het hom gebim…" het hy trots verklaar.

Na die skoolvakansie was Wiekie weer daar. Hierdie keer het hy dieselfde seuntjie behoorlik tot voor Mattie gesleep.

Sy stemmetjie het van verontwaardiging gebewe.

"Juffrou, Danie wou nie kom nie. Toe sê eke, dis omdat dit nie koekies en koeldrankdag is nie. Hy wil net eetgoed ky, hy wil nie van liewe Jesus hool nie."

Mattie het met deernis afgekyk in Danie se verleë gesiggie.

"Welkom Danie, ek is so so bly Wiekie het jou gebring. Kom saam met my."

Toe sy met elke seuntjie aan die hand na haar klassie stap, het sy weer met 'n glimlag aan die sesjarige Anton gedink.

Daardie dag het sy egter nie gelag nie. Sy het geskok na Anton gekyk.

"Kyk hoe lyk jy!" het sy geraas. "Ek het voor kinderkrans vir jou 'n skoon wit hempie aangetrek. Wat het jy aangevang?"

"Mamma," het hy verleë verduidelik, "daar was 'n nuwe maatjie. Hy was te skaam om kinderkrans toe te kom want sy hempie was baie vuil. Toe vryf ek grond oor my hemp en toe kom hy saam met my."

Onwillekeurig het Mattie aan Jesus se woorde gedink: "Dit verseker Ek julle: As julle nie verander en soos kindertjies word nie, sal julle beslis nie in die koninkryk van die hemel kom nie!" Matt.18:3

Dis om te glo dat ons met kinderlike geloof na Jesus kan gaan.

Dis om te glo dat Jesus ook sy broodjies en vissies kan gebruik!

16. Hy skenk aan ons arendsvlerke.

Johan was besig om potjiekos te maak. Hy het die deksel op die potjie gesit en na Mattie gedraai.

"Pop, ek kan nie altyd die misterie en lyding begryp nie. Dis vir my moeilik om te aanvaar dat jy en jou maatjies nie gesond word nie."

Mattie het haar boek neergesit. "Eendag het 'n predikant gesê: "Die Here span nie vir ons 'n brug oor die stormwaters nie. Hy blus nie die vuur nie, maar Hy gaan saam met ons daardeur. Ons moenie bang wees nie, die water sal ons nie meesleur nie en die vlamme sal ons nie skroei nie."

Sy het met deernis na hom gekyk. "Maar ons moet saam met hom daardeur sodat Hy Sy almag aan ons kan openbaar. Sodat ons kan leer om Hom te vertrou."

Johan het by haar op die seilstoel gaan sit.

"Ja, Pop, ek weet, maar dit is ongelooflik hoedat 'n mens maande lank net op vloeistof kan leef. Met pyn en ongemak met 'n vol program kan volhou en dit sonder 'n goeie nagrus."

Mattie het haar kop geskud. "Dis net die Here! Gedurende die nag dink jy, more sal jy nie die moed hê om op te staan nie. Maar die volgende dag is jy selfs opgewonde om nuwe dinge aan te pak. Ek verstaan dit self nie, maar daar is geen einde aan die dryfkrag wat die Here Sy kind gee nie."

"Ja, Pop, ek kan nie anders as om dit raak te sien nie. En soms dink ek dat jy liewers nie kerk toe moet gaan nie, en tog, gaan jy."

"Ja, maar dit net omdat ek aan Jesus se belofte in Jes.50:7 kan vashou:

Die Here, my God help my, ek sal nie teleurgesteld staan nie; ek sal my nie ontstel nie, ek weet ek sal nie in die verleentheid kom nie!

Johan het die aartappels in die potjie gegooi. Sy kop geskud. "Mattie, as ek darem dink hoeveel keer jy, Merle en Martie vir 'n operasie Kaapstad toe moes gaan. Hoe lank is dit nou. Tien, nee elf jaar en tog word julle nie gesond nie."

"Maar sonder ons mans se liefde en ondersteuning sou ons lankal moedeloos geword het. En daar is so baie vriende wat vir ons bid. O, ek glo aan die krag van gebed."

"En tog," het sy vervolg. "Ons sou so baie gemis het as ons nie siek was nie. Want dit is wanneer jy swak is en nie meer verder kan nie, dat jy God se krag leer ken. My maatjies is 'n sprekende voorbeeld. Kyk maar na die moedige Gwen, Amanda, Martie en Merle?"

Johan het met blink oë opgekyk. "O ja, ek verwonder my aan jou maatjies. Hulle is altyd so blymoedig."

Mattie het sy hand gedruk. "Ons besef dit is nie altyd vir julle mans maklik nie, maar Jesus skenk aan ons arendsvlerke. Geloofsvlerke wat ons bo-oor ons omstandighede dra!"

Met haar hele hart het sy gewens dat sy hom kan oortuig. "Moenie jou oor my bekommer nie. Ek is 'n begenadigde. Ten spyte van siekte, is daar soveel vreugde want *ek het ervaar dat Jesus Christus leef!*

"Soos Asaf kan ek getuig: Daar is niks in die hemel of op die aarde wat vir my meer beteken as U nie. Al is ek afgetakel na liggaam en gees. God is my sterkte. Aan Hom behoort ek vir altyd!" Ps.73:25-26

Einde

OOR DIE SKRYWER

Haar nooiensname is Martha Catherina Lamprecht maar sy het altyd Mattie verkies. Mattie is op Oudtshoorn gebore op 18 September 1934 en het saam met baie broers en susters grootgeword. Haar vader was Dirk Lamprecht, 'n boukontrakteur, en in 1952 het hulle na George verhuis en 'n paar maande later na Hartenbos. Sy en Pannie is in Mosselbaai getroud.

Mattie het onder verskeie skuilname gepubliseer, onder andere kortverhale en 'n vervolgreeks Die Jagters in Die Jongspan; kleuterverhale vir die radio se Siembamba waarvan Ou Luie, die Hond baie spesiaal in twee dele opgevoer is. Verder ook kortverhale in Die Brandwag; en op 'n laat ouderdom het sy deurgedruk deur gesondheidsprobleme en vir Lapa liefdesverhale geskryf wat haar Towerwoorde en Blommetaal as Mattie Pansegrouw gepubliseer het.